DE L'AVENIR

DES OUVRIERS

PAR

P. A. ARNAL

PRIX : 30 CENT.

PARIS

CHEZ L'AUTEUR

6, RUE PIERRE-SARRAZIN

Et en dépôt à la Librairie rue St-André-des-Arts, 27

ET CHEZ TOUS LES LIBRAIRES

1850

AVIS.

Avec toute l'impartialité dont il est capable ; sans tenir compte de ses propres impulsions ; laissant, pour un moment, de côtés les idées qu'il aime, l'auteur a voulu, dans cet écrit, exposer l'état d'une classe, ou, si l'on préfère, d'une partie du peuple vers 1850, une phase du XIXe siècle.

Il constate et ne juge pas ; il retrace et ne commande pas. S'il se trompe, il n'est comptable que d'un mauvais aperçu. De haines, il n'en a pas : on ne déteste guère les fous, on les plaint. Ses prédilections, il les tait, puisqu'il ne servirait à rien de les dire à quiconque ne les devinerait pas. Il ne relève que du lecteur : c'est le seul tribunal auquel il veuille avoir à répondre ; et cela, non par crainte, mais afin d'éviter à Thémis boîteuse un de ces gros écarts où elle perd toute pudeur, lorsqu'elle tombe à gauche. La justice et sa chère obscurité lui font des droits de ses désirs.

En ces jours d'apostasie où nos institutions sont attaquées ouvertement par permission, — ce qui n'eut jamais d'exemple, — par permission d'hommes qui, sans elles, ne seraient que des insurgés, il a paru bon de raffermir les cœurs ébranlés, en montrant de près ceux qui mourront pour la République.

DE L'AVENIR

DES OUVRIERS.

I.

Une puissance nouvelle est entrée dans le monde, et, quoi qu'il arrive, elle ne tombera pas.

Elle ne peut que grandir par un bon emploi de ses immenses ressources, et par l'adjonction de soutiens plus nombreux. Elle a sur les anciennes, décrépites, usées, sans nerf, sans espoir, les avantages de la jeunesse, de la force et de l'espérance. La jeunesse : elle date de 89. La force : et non pas seulement la force numérique, matérielle, mais la force morale, mais la vigueur de l'âme, la trempe du caractère, l'élévation des sentiments, l'incomparable énergie d'un vouloir raisonné qui se produit dans l'ordre utile, l'appui des principes éternels et de la science moderne, la toute-puissance de la foi, la majesté qui se fonde sur le travail unique souverain des temps futurs. L'espérance : car, sans cette brillante aurore qui s'annonce et que saluent des regards inquiets mais attendris, le monde qui finit disparaîtrait sans grandeur, sans aucune solennité, privé de l'éclat funèbre des jours de deuil. Il a trouvé des fils respectueux et grands par le cœur; il pourra mourir en paix. Son mausolée est dressé; de pures victimes l'ont par trois fois arrosé de leur sang. Le cortége sera grandiose : Au milieu des pompes les plus éclatantes, de splendeurs inaccoutumées et de chants sublimes se prononcera le suprême adieu.

Les pouvoirs anciens s'évanouissaient dégradés. «Au-
» jourd'hui, disait en parlant d'eux un noble exilé, le
» voile se déchire; toutes les couleurs de la vie sont
» pâles et tristes. L'horizon de l'âme est désert, et la
» pensée de l'homme veille sans cesse dans l'attente in-
» quiète d'un avenir inconnu. Le présent est avare d'a-
» mour, vide de foi et d'espérance. »

Cinq ans sont écoulés depuis que ces mémorables
paroles furent écrites. Les pouvoirs du jour mériteraient
des éloges encore plus tristes; on se lamenterait à bon
droit sur leur chute prochaine et leur avilissement, si le
mépris ne faisait taire les épanchements d'une doulou-
reuse affliction. Néanmoins, les couleurs de la vie
ont repris quelque éclat; l'horizon s'est agrandi. L'âme
commence à remplir sa mission; elle a soif d'amour et
de connaissances. L'avenir d'alors, aujourd'hui le présent en partie, se recueille, et déroule silencieusement
les premiers anneaux de la longue chaîne de ses espérances, avant de bien savoir comment les réaliser. Ce
n'est plus entièrement l'inconnu; c'est le vague, le
doute peut-être et quelquefois l'incertitude.

Dans l'ordre des croyances, il n'y a de bien défini
que la notion suivante : sous quelque forme qu'il se présente, science pure ou produits matériels, efforts du
bras actif ou recherche de la tête absorbée dans ses méditations, le Travail va conduire le monde. Conséquence
légitime, immédiatement tirée de son principe : les fils
de leurs œuvres, les fils du travail héritent à leur tour
une glorieuse succession. Tandis que les descendants
endormis de l'oisiveté sur son trône croulant se perpé-
tuent dans quelques propriétés, dans quelques places,
se lèguent des souvenirs morts, des titres oubliés, des
blasons pourris ; les fils du travail commencent leur
légende, et viennent ramasser le prix de leurs combats.

Dans l'ordre des faits, un seul est bien caractérisé,
positif, déterminé : l'avènement d'une nouvelle puissance.

Cette puissance n'est autre que celle des Ouvriers.

II.

Elle existait à l'état latent, si l'on ose écrire, depuis 1792. Elle s'était même révélée, mais sans donner sa formule. Elle ne s'était pas définie.

Agent matériel, ou levier moral, durant une période de soixante ans elle a servi l'audace de ceux qui lui ont préparé les voies. Elle ne figurait pas elle-même, au premier rang, sur la scène. A de longs intervalles elle se manifestait par hasard, mais encore plus redoutée de ses amis que de ses adversaires.

Ses amis l'ont trouvée téméraire, précipitée dans ses explosions. Il faut dire qu'ils étaient à peu près satisfaits. Après l'avoir lancée ils ont tâché de la contenir. Ils ont jugé criminelle sa dernière tentative, ne comprenant pas que ses premiers élans dussent être si vigoureux. Ils l'ont mitraillée ; qu'auraient fait de plus ses ennemis ?

Après tant de vicissitudes elle est aujourd'hui mûrie par les événements. Elle est maîtresse de ses destinées, en possession de son existence propre, et sur le point de s'essayer à marcher seule. Ses tuteurs ne peuvent plus rien pour elle. Si bon lui semble, elle écoutera leurs conseils officieux, leurs discours émouvants ; mais elle s'est émancipée complétement, et décidera de son avenir suivant l'étourderie de son âge, d'après la fougue passagère de son enthousiasme, ou suivant la maturité de la sagesse qu'elle s'efforce à déployer.

Et cette sagesse, il faut le dire, elle la doit autant à la bienfaisante influence de la paix, qu'à la prudence éclairée de ses amis nouveaux convertis, à ses malheurs récents, à la patience inépuisable de ses martyrs et aux fautes innombrables de ses adversaires actuels. En voici la preuve.

Avant d'entrer dans la vie politique, il faut naître à la vie intellectuelle, mettre le pied dans la société, fût-ce même aux derniers degrés de l'échelle, ce qui nécessairement a lieu pour chaque nouvel arrivant.

En remontant aussi loin que possible, même jusqu'à la date 1661, — car, auparavant, une société française existe à peine, et, dans tous les cas, ne nous est plus rien par les mœurs, — on trouvera que l'exception n'infirme pas la règle.

Sous Louis XIV, la société française, déjà formée, composée de la noblesse d'épée surtout, accueille dans ses hôtels, palais et châteaux, les hommes de lettres, les artistes, quelques guerriers sans naissance, quelques gens de robe parvenus, plusieurs financiers et industriels, terme impropre pour cette époque, mais qui a l'avantage de mieux rendre nos idées.

Elle leur ouvre les portes d'un sanctuaire profané; elle leur étale ses factices grandeurs, ses pompes menteuses : c'est de la galanterie, une galanterie sévère qui peut leur en imposer, leur faire prendre une bienveillance emphatique pour de l'amitié, une hauteur superbe pour de la considération, une indifférence aimable et parleuse pour un sentiment profond. Tout est si majestueusement faux qu'ils se retirent pleins de l'estime d'eux-mêmes qu'ils croient inspirer à leurs protecteurs. Leurs chefs-d'œuvre leur semblent suffisamment appréciés, leurs services exactement récompensés. Avec candeur, de bonne foi, ils se supposent dans la pièce les indispensables acteurs, les seigneurs d'usage, tandis qu'ils ne sont au fond que d'insignifiants personnages, de simples suivants.

Équipés d'une façon brillante en cette qualité de valets, nourris à la table somptueuse parce qu'ainsi l'ordonnaient les besoins du spectacle, les nécessités de la fête montée de la sorte, les folles et sérieuses exigences du plaisir, ils ne voyaient pas la servilité de leur rôle : un artisan de Metz, devenu maréchal de France, est certainement ce qu'il y a de plus sage, de plus digne dans sa modestie et dans sa fidélité. Mais quand ils ont voulu se mêler des affaires de l'Etat, ils ont dû comprendre qu'ils étaient, à proprement dire, en dehors de la société, qu'ils étaient admis comme gens d'un métier, à la condition de ne pas sortir de leur spécialité, comme instruments de jeux à de solennelles dissipations.

De 1715 à Louis XVI, tout est prodigieusement changé; mais les transformations s'opèrent uniquement, exclusivement au sein de la société officielle. Une nouvelle génération figure sur le théâtre : Mais les mêmes élus, ou leurs neveux, jouent seuls des rôles. La société n'a pas élargi sa base. Elle est simplement renouvelée dans ses membres, dont le nombre n'a guère augmenté. Elle n'ouvre pas ses rangs, ne se recrute que des auxiliaires. Qu'est-ce que la présence aux conseils royaux de quelques têtes philosophes, ou même la domination souveraine de libertins et de certaines maîtresses venus d'en bas ? Sans doute l'ancienne étiquette a fait place aux libertés de la corruption, l'ancienne magnificence aux somptueux excès de la débauche : les mains les plus vulgaires peuvent en apprêter les aliments; les cœurs les plus dévergondés en attiser le feu. Permis à chacun de se mettre à l'aise. Au lieu du mensonge éclatant, nous tenons bien, cette fois, la vérité; mais la vérité par trop nue, par trop indécente.

Du scandale, et c'est tout. La société officielle n'a pas agrandi son cercle; et ceux qui sont restés en dehors, par impuissance ou par dégoût, n'ont pas plus qu'auparavant une existence politique.

Il est vrai que cette société est si lâche, si mollement énervée au sein des jouissances matérielles, si lascivement abattue que le premier homme résolu pourrait y mettre le pied. Elle n'a plus la force d'être en garde contre les usurpations. Elle ne fait plus sentinelle, comme celle de Louis XIV. Ses flancs sont haletants d'émotions crues et fatigantes. Les bras lui tombent de langueur et la tête d'ivresse. L'ignominie de son attitude n'a de comparable que les incapacités de son orgueil. En même temps que déshonorée, elle est épuisée de lassitude : pas plus de forces intellectuelles ou morales, de vigueur d'esprit dans son complet affaissement que de solennité dans l'abandon. Cette absence même de toute grandeur éloigne de cette société ceux qui pourraient, à loisir, s'y introduire. Ils la laissent pour ce qu'elle vaut; et leur répugnance les affranchit de tous désirs, de toute velléité d'ambition.

Il est vrai qu'en dehors de cette société officielle, et parallèlement, se déploie, se forme, se coordonne sagement, dignement, avec des vertus qui repoussent les secours du fard, une autre société, ou plutôt une collection de citoyens, négociants ou penseurs, graves dans leur tenue, sincères dans leurs allures, austères dans le commerce, capables et réunis en faisceau. Ils aiment l'esprit sain, la science non frelatée, la raison calme, les lettres chastes, les beaux-arts non degradés, des plaisirs moins suspects, des relations nobles, une politique non libertine, des affaires où préside l'honneur. Cette commune pensée les unit, les rassemble en un tout indissoluble : C'est le tiers-état, c'est la bourgeoisie dont commence le règne; mais elle ne trône que sur elle-même. Dès avant, elle avait pris naissance ; maintenant elle est une force distincte, une société à côté de la société. Elle n'est pas encore une portion de l'Etat, n'en fait point partie intégrante. On administre sans elle.

A quelques différences près, elle est dans la position où, vers 92, se trouvera la classe ouvrière. Elle aspire à sa part de vie publique, mais ne l'a pas encore, si ce n'est au sein de son propre parti. Elle vit d'elle-même en elle-même, sans trop de rayonnement, sans beaucoup d'expansion.

Il y aura cette différence entre la marche respective de la classe ouvrière et de la classe moyenne, que celle-ci est arrivée plus lentement, plus fièrement, j'oserai dire, quoi qu'il en coûte à mes sympathies froissées. Elle ne réclame rien à ses adversaires, aux privilégiés de l'ancienne noblesse. Elle saura les abattre. Elle s'élève de ses propres mains ; se crucifie elle-même, s'il est besoin, pour se régénérer de son sang ; et puis exige le prix de ses efforts chaque jour renaissants, de par le droit du talent, du savoir-faire, du génie et de la vertu. Sans jamais prier, sans jamais implorer, elle prend ce qui échappe, recueille ce qui tombe des mains défaillantes. Elle ne s'abaisse jamais à la supplication ; elle ordonne. Elle n'aime pas une politique méprisable, un pouvoir corrompu : pour la purifier, elle se saisira de l'autorité souillée, et s'arrogera le maniement des affaires sans contre-poids.

C'est par là même qu'elle pèche : elle veut dominer

exclusivement à son tour, sans souci du peuple qu'elle a appelé dans sa lutte et qui reste maudit. Nous rendons hommage à sa fierté, à ses lumières, à sa vertu. Mais y a-t-il, après tout, de quoi tant s'enorgueillir ? Pourquoi cette sécheresse égoïste vis-à-vis de ceux qui vous ont rendus vainqueurs ? Ce n'est plus de la dignité, c'est de la cruauté. Hélas ! la classe moyenne devient bientôt aussi dure, aussi peu malléable que le métal qu'elle entasse. Elle affecte des mots retentissants comme ses écus, mais en jetant les uns elle retient soigneusement les autres. Les mots ne lui coûtent guère, elle les prodigue ; mais ils ne peuvent pénétrer les cœurs auxquels ils ne s'adressent pas ; et les pièces de monnaie qu'elle simule de faire voler, de mettre en circulation, retombent dans sa main.

Elle regarde comme des mendiants ceux dont elle se servit pour parvenir : Ses yeux ne supportent pas les plaies, ni sa roideur les paroles humbles.

Et cependant les faibles n'avaient-ils pas le droit de prier ? Si la prière est un accent de l'âme accablée, ne devait-elle pas être permise au malheur qui vous éleva sur le piédestal ? Comment le cri des souffrances que nous avons causées nous laisse-t-il endurcis ? Il est si aisé d'être fier quand on a eu la fortune pour soi, mais si difficile lorsqu'on succombe sous le poids d'une inexorable fatalité ! Au droit de la prière vous en avez substitué un autre plus terrible que vous avez revendiqué pour vous-mêmes et qui s'exercera contre vous.

Une fois maîtresse du champ de bataille, la classe moyenne se renferme chez elle comme dans un fort inattaquable. L'abîme invoque l'abîme, le capital appelle le capital : en vertu de cette loi qu'elle a bien étudiée, elle peut se livrer, sans danger, à tous ses exercices. Elle jongle impunément avec ses louis qui reviennent infailliblement dans sa poche toujours ouverte, par une projection adroite autant que rapide. Elle fait parade, et croit assoupir à si bon marché la convoitise qu'elle éveille, disons mieux, les besoins les plus respectables.

Et que l'on ne voie pas dans ces lignes un appel à la discorde, aujourd'hui que l'union est cimentée. Il s'agit ci, purement et simplement, du passé : c'est un exposé consciencieux, non pas une amère critique. C'est un état antérieur que nous constatons, non pas une actualité brûlante qu'il faille dépeindre. Nous demandons à l'histoire ses enseignements, et nous sommes aux temps de la première révolution. Notre cadre restreint ne nous permet pas de rechercher l'enchaînement des causes qui dictèrent la conduite de la classe moyenne : il faut pourtant bien reconnaître, avant de poursuivre, qu'elle obéit, impitoyable, aux conditions mêmes de ses lois de développement sous l'empire suprème des circonstances et d'invincibles nécessités. Il ne s'agit ni de condamner, ni d'absoudre, mais de raconter ce qui fut.

La classe travailleuse ne prit pas le temps d'arriver par elle-même : elle n'en avait du reste pas les moyens. Les éléments de réussite lui manquaient. Un temps elle se contenta du rôle de protégée, confiante en ses directeurs. Le patronage devint dérisoire ; ses suppliques ne furent pas écoutées. Les événements lui ayant mis la menace à la bouche, il s'en suivit des journées lugubres, des catastrophes désolantes, des vengeances héroïques. La bourgeoisie tombe avec le roi qu'elle avait voulu constituer son représentant.

Une trève est imposée par la victoire : un moment elle enchaîne tout à son char de triomphe. Des citoyens, les uns oublient leurs intérêts, les autres leurs souffrances. Toutes les aspirations sont confondues en une seule qu'il faut subir, l'amour de la guerre. Il n'y a pas plus de négoce que de poésie : aux camps se débat la grande affaire. Et puis, le règne des privilégiés, des heureux de la naissance paraît s'effacer : l'Égalité, semble-t-il, donne le commandement et dicte l'enthousiasme.

Au nom de la Liberté, l'échafaudage de la gloire se renverse : élevé par le despotisme il tombe sous les coups de l'étranger menaçant et vengeur à la fois. Aux désastres qu'ils produisent on reconnaît la fragilité des succès par les armes, et l'on salue un avenir de paix.

Quelque légitimes que soient les désirs, on portera le poids du déshonneur national. Le peuple, lui aussi, pleurait sur les brillants revers de la patrie ; mais il proteste contre d'ignominieuses conditions. Il voudrait que l'étranger ressentît plus de respect pour les glorieuses infortunes de la France ; que la royauté, rétablie par le hasard, et malgré les manœuvres de ses traîtres, ne descendît pas à faire croire qu'elle sort des fourgons ; et que les hautes classes fussent moins empressées autour des officiers ou plénipotentaires ennemis, si bien qu'elles semblent danser, aux frais du milliard extorqué, sur la tombe entr'ouverte de leurs compatriotes vaincus.

Cette indemnité de l'émigration, la tenue dégoûtante de la plupart des royalistes, les insultes prodiguées aux héros de la Loire, les plates vengeances, l'assassinat juridique des grands hommes, l'humiliation de la couronne, l'occupation étrangère, d'absurdes traités, font renaître la lutte.

Dans la classe moyenne une scission s'opère : la boutique, l'humble commerçant navré de tant d'affronts se rejette du côté des travailleurs, demeurés purs. La finance, le seigneur négociant, pour ne pas rester isolé, se tourne vers la noblesse et les grands du clergé ; et, par le moyen de ses trésors, leur impose une alliance qu'ils n'acceptent qu'avec mépris. Oui ! il n'est que trop vrai, l'argent a remplacé l'honneur. « C'est du fumier pour engraisser nos terres. » Ainsi sont accueillies les avances de la Banque par les nobles d'autrefois. Le haut clergé approuve ces stratagèmes de la chevalerie au gousset vide : il bénit l'œuvre qui lui profitera.

Il a beau sanctifier ; ce n'est pas à droite que penche la balance. La nation n'est pas avec le trône et ses partisans. Elle ne peut plus tolérer les messes forcées, les sermons obligés, les ordonnances suivant le bon plaisir du maître ; elle veut une presse libre, des consciences libres, moins de scandales, une répartition plus équitable des intérêts.

Juillet rétablit l'équilibre rompu. La partie réfractaire de la bourgeoisie monte les premiers degrés de l'échelle politique et s'accroupit au bas du trône du 9 août.

Elle s'y repose insouciante du lendemain, attentive à ses profits du jour, et sans penser que la monarchie est en perte. Sur les rôles du bilan, elle est à l'actif : ce lui est assez ; elle s'informe peu si d'anciens alliés sont portés au passif sur les registres. Que les sociétés secrètes s'organisent ; que le droit méconnu se proclame par la voix de l'insurrection : Milice citoyenne, la garde nationale laisse agir l'armée ; et si elle intervient, ce n'est pas afin d'arrêter la guerre déchaînée, mais pour donner aux actes du pouvoir, par sa présence, une consécration.

Ordre public ; tel est le pâle refrain des vainqueurs. Rien désormais ne doit bouger. Ainsi prend racine, chez les hommes publics de ce règne, cette idée que la seule insurrection légitime est celle qui leur fut profitable. Ils s'abaissent à le démontrer, pour garder leur influence, à des fidèles satisfaits mais non convaincus.

Malheureusement cet ordre, factice comme la grandeur l'avait été, n'embrassait pas toutes choses. La pyramide n'avait pas une assez large base ; elle devait s'écrouler.

C'est alors que se recueille en elle-même une classe nombreuse, étonnemment active, les ouvriers des grandes villes, des centres principaux. A la vigueur du bras qui forme le corps par de robustes exercices ils joignent la force de tête qui permet les vastes conceptions avec un indomptable esprit de suite. Au sortir des ateliers, ils gagnent la mansarde, et là, dans cette mansarde étroite où la société ne leur assure qu'un gîte, ils s'abandonnent à des méditations scientifiques où la fougue d'une âme neuve et souffrante les fait bien plus vîte avancer que des études régulières et froides. S'ils n'ont de la terre, pas même un coin où reposer leur tête, ils ont à l'horizon l'espace, l'immensité des airs ; et sous leurs yeux l'aliment de la lecture, le vague poignant des doctrines diverses, les champs de la pensée. Trop souvent leurs corps est à jeûn ; la tâche laborieuse de la journée n'a point rapporté de quoi rassasier les deux appétits : ils ont pourvu au plus pressant, aux besoins intellectuels. Mais ils puisent dans cet état même de nouvelles ardeurs, une inextinguible soif de connaître. Leur tête enflammée est comme dans un accès d'enthousiasme, dans un sublime délire où la vue est prophétique, le raisonnement invincible autant que spontané, les paroles inspirées, la sentence infaillible et sûre à l'égal de celle de Dieu. Ils prennent corps à corps les institutions, les dépouillent de leurs charmes dans un monde officiel et repu, et de leur prestige aux yeux de ceux que n'éclaira pas la lumière. Ils mettent tout à nu. Après examen, ce n'est pas vanité des vanités qu'ils prononcent, mais bien réformes sur réformes. Le sentiment de tenir en mépris l'existence et ses pitoyables phases n'est pas celui qui les anime. Ils le laissent aux temps auxquels il put appartenir, le regardant comme un sanglant mensonge dans les bouches impudentes qui le répètent encore au milieu de toutes les délices. Ils savent qu'il y a du positif ; que tout n'est pas vanité, doute, incertitude. Et ils concluent à la nécessité d'une meilleure organisation des travaux, à une plus juste distribution des richesses. Il faut que la vie soit, chez tous, pratiquée honorablement; que l'être humain non-seulement soit respecté, mais protégé, défendu, secouru contre toutes les atteintes ; qu'il parvienne à une somme de bien-être matériel en même temps qu'au libre exercice de sa raison et de ses facultés morales. Au lieu de vivre dans un état de concurrence, d'indifférence ou d'hostilité, les hommes doivent s'entr'aider, les frères pétris de même boue se tendre une maison secourable, au sein d'une commune infortune, d'un naufrage général.

Celui que la tempête épargna, l'heureux, n'a pas le droit de s'éloigner du rivage et de laisser aux flots irrités ses compagnons près de s'éteindre.

Et si l'amour ne l'embrase pas, si son cœur glacé n'a pas de battements ; s'il ne compatit guère aux suprêmes angoisses du malheur ; si rien ne lui crie qu'il se sépare de ses propres membres : qu'il promène du moins les yeux sur lui-même ; qu'il considère sa chétive individualité; qu'il soit donc tout entier au sentiment de sa conservation personnelle ; qu'il se laisse conduire par son égoïsme en alarmes : il jugera qu'il ne saurait exister longtemps isolé, qu'il ne peut se suffire, et que son heure dernière approche s'il ne se précipite à sauver ceux qui le feraient vivre.

Ou bien s'il est étranger aux abattements de la détresse comme aux élans de l'amour, qu'il ait donc la grandeur d'âme de la force, la magnanimité de la puissance ; qu'il se pose en souverain dominateur des flots, et retire ses semblables éperdus, afin d'être fier de lui-même, digne de son orgueil.

Tel est le résumé des doctrines qu'une formule célèbre : *fraternité, égalité, liberté* est venue consacrer au milieu du siècle. Ces doctrines, les ouvriers en ont préparé l'avénement inévitable à partir de 1832. Ils consumaient leurs nuits sur des livres, pendant que d'autres goûtaient les plaisirs. Les longues veilles où ils étaient libres leur étaient un dédommagement des peines du jour. Ils se bâtissaient un monde, celui de l'avenir, à défaut de celui qui les répudiait. Ils pratiquaient une brèche souterraine. Tout les y favorisait, aussi bien l'artificielle prospérité des temps que leurs souhaits personnels. La classe qui aime faire ses affaires les faisait ; puis, les ayant faites, se livrait à l'apathie du contentement, sans troubler la région des rêves, sans insulter aux utopies, aux saintes aspirations. La paix régnant dans la rue, la paix à l'extérieur, elle entendait même faire respecter la liberté de la parole imprimée, la liberté des discussions dans les livres. Elle ne laissait pas ses gouvernants, ses hommes d'État s'appesantir sur de minces publications, qui n'allaient pas moins, à jour fixe, remuer l'Europe. Distribuant le salaire à la main-d'œuvre, ses gages au domestique, elle se tenait pour débarrassée de soins à leur égard, et pourtant condescendait à leur permettre quelques loisirs pour l'étude. Les écoles s'ouvraient le soir ; le patron y envoyait ses adultes ; et lui-même, ou son fils, poussait la bonté jusqu'à contrôler parfois la leçon prise, constater l'intelligence du pédagogue et les progrès de l'élève. Avide de s'instruire, l'élève finissait bientôt par marcher seul ; donnait à l'étude ses dimanches et fêtes, au lieu d'assister à d'inutiles offices, préférant aux messes et vêpres incolores de M. le curé le sermon patriotique d'un réformateur ou d'un bon citoyen ; liait connaissance avec des camarades plus instruits qui le renseignaient sur la méthode à suivre ; et par degrés, insensiblement, s'augmentait le nombre des élèves capables d'en remontrer à leurs maîtres. Bon an mal an, le prix de la journée rapportait de quoi s'acheter quelques collections, des revues périodiques. Le labeur intellectuel absorbait les économies du labeur manuel : léger sacrifice, pourvu que la bibliothèque se remplît peu à peu dans tous ses rayons! Cet ordre, ces occupations attiraient les regards indifférents du patron dont la huataine et insouciante genérosité se manifestait par quelques gratifications.

Même après avoir fourni le nécessaire aux compagnons sans ouvrage, il restait quelque avoir. Le chômage n'était pas trop fréquent, bien que les bras fussent nombreux, la concurrence redoutable. L'armée, en effet, n'ayant aucun besoin de tout le contingent, la réserve était plus forte, et la plupart des jeunes gens, portés sur la bienheureuse liste, profitaient de cet intervalle pendant lequel ils ne seraient pas appelés pour entreprendre quelques voyages au loin et s'habituer au déplacement. Bien souvent le service ne les réclamait pas : à travers leurs excursions ils avaient déjà contracté des liaisons solides qu'ils allaient continuer autant par goût que par nécessité; car l'absence leur avait fait perdre leur travail, leurs *pratiques* ailleurs adressées. Ils revenaient donc empressés vers leurs amis qui les aidaient fraternellement à passer les moments de gêne. Ainsi se recrutait l'armée de l'avenir.

Pour la commune assistance et dans un but tout fraternel encore, bien qu'on ait parlé de prévoyance égoïste en raison des chances que les divers associés étaient exposés à courir à leur tour, il se formait de petites associations de secours mutuels, tolérées parce qu'il y régnait un *bon esprit*, quelquefois même placées sous le patronage inactif et railleur d'un chef de maison. Il fallait des règles élémentaires ; on les faisait. Des statuts se créaient; et l'on apprenait ainsi, par l'usage de la vie courante, le maniement des choses qui veulent l'expérience.

En s'instruisant à gérer pour le mieux les affaires de ces petites sociétés, on se mettait à même de donner avis sur celles de l'État; et, pour cela, des études préalables étaient nécessaires, aussi bien qu'une tenue noble, un esprit de suite bien caractérisé.

Sans doute, il n'était plus le temps regretté d'aucuns, et pour cause, où, comme à Rome, le peuple n'était pas admissible à toutes les charges publiques. Le mur d'airain avait été renversé : les élus de naissance, les enfants gâtés du hasard n'étaient plus réputés hommes de talent sans preuves et sur simple déclaration. On concevait très-bien qu'ignorance et noblesse se rencontrent ensemble dans le même individu, de même que roture et génie. C'était un point acquis, démontré. En droit, le fils du prolétaire était déclaré apte à s'élever aux plus hautes fonctions, si ce n'est à celle de roi, véritable anomalie, inexplicable contre-sens, illégalité flagrante du pacte social et qui devait bientôt disparaître, un immuable individu ne pouvant raisonnablement occuper la scène, en nos jours d'égalité, du moment qu'un plus digne s'est révélé. Mais le droit s'effaçait devant les titres, la théorie devant la pratique, le savoir devant les prétentions. Eût-il le plus beau génie industriel, le plan des plus merveilleuses combinaisons, celui qui manquait de capitaux ne pouvait aborder le champ des opérations. Il lui restait généralement la ressource de vendre son secret pour un morceau de pain ; et l'exception ne détruit pas la règle.

On a beau dire : « Voyez par tel exemple le fruit des économies. » Pour un que le hasard favorise, il en néglige mille et opprime le reste. C'est précisément parce que l'homme dont vous nous entretenez épargnait *seul* qu'il a changé de condition. Oui, certes! ses privations de la veille ont ménagé les opulents loisirs du lendemain. Mais une concurrence illimitée, générale dans le but d'économiser, d'amasser, amènerait un instant où l'on n'aurait plus qu'à se croiser les bras les uns en face des autres et mourir de faim. Tout ce qui est mis à l'écart, en épargne, en tas, en réserve, étant retiré de la circulation, quelque grande que soit la fortune totale, matière de l'économie, comme elle n'est pas infinie, elle se trouverait épuisée, absorbée, anéantie, par ce seul fait que les mains avares, économes si vous désirez, se feraient une gloire de ne la plus lâcher. Si bien qu'au lieu de chanter la soif de l'accaparement décorée d'un titre pompeux, bon à donner le change, il conviendrait bien mieux de décerner des applaudissements à une juste prodigalité.

Une fois les livres achetés, les journaux payés, son train de vie habituel assuré, la classe ouvrière n'ayant, elle, rien à mettre en réserve, pas de droits politiques à exercer, se renfermait en elle-même, passait le temps à récapituler ses croyances. Qu'il y ait eu de la part du pouvoir indifférence presque toujours, indifférence qui n'entrevoyait pas la portée des institutions accordées et qui s'est rétractée dès qu'elle l'a comprise, — entre mille autres exemples, choisissons la question des instituteurs primaires, — ou bon vouloir irréfléchi assez souvent : le bienfait, pour les ouvriers de cette époque, est dans cet isolement studieux, dans cette occasion forcée de réfléchir, de s'abstraire, de s'interroger, de s'approfondir en paix avec certitude de n'être pas victime des méchancetés du pouvoir imprévoyant ou de l'envie des supérieurs.

III.

Grâce à leur intelligente énergie, et pour ne rien méconnaître, grâce au calme du dernier règne qui a maintenu l'ordre à l'intérieur, la paix au dehors, et laissé le champ ouvert aux discussions, aux idées libérales, à la propagande écrite, en un mot, sans le vouloir, au sentiment révolutionnaire que jamais aucune puissance n'étouffera parce qu'il est la vie même de l'humanité sans lui condamnée au suicide ; 1848 a donc trouvé les ouvriers tout prêts, en armes, préparés à la vie politique.

Ce n'est pas, en effet, le peuple entier, c'est-à-dire les classes travailleuses occupées au labeur manuel, qui est parvenu à la vie politique. L'extension du suffrage, devenu universel, ne prouve rien contre cette assertion. La démonstration en est simple.

Nous pourrions nous contenter de revenir sur le principe émis : que l'on n'entre dans la vie politique qu'après être arrivé à la vie intellectuelle, principe traduit par un M. de Vatimesnil, à l'égard des campagnes, dans le langage le plus sec et le plus désolant. « Les hommes qui travaillent quinze heures par jour pour nous nourrir ne s'occupent pas de politique, » disait, il y a peu, cet ancien ministre. Et fort heureusement pour vous, ils ne s'en occupent pas, car du jour où ils sauront vos hauts faits, ils ne sueront plus sang et eau pour vous nourrir. Ces messieurs ont un langage à eux, lorsqu'il s'agit de la créature humble et trois fois sainte. Ils négligent le soin d'adoucir leurs expressions, de respecter les infortunes les plus sacrées. Ils se répandent en termes cassants. A quoi bon y mettre tant de façons avec ses esclaves?

Mais s'agit-il du pouvoir? Oh! alors, ces messieurs ne craignent pas de devenir amphigouriques dans leur adoration. Le gouvernement, le leur, est un Dieu ou un monstre qu'ils révèrent et qu'ils craignent, dont les simples mortels ne doivent s'entretenir qu'en phrases sibylliques. On se rappellera longtemps celle-ci de l'obscur *Journal des Débats :* « Tout moyen est-il légitime pour aller chercher et pour atteindre la responsabilité du gouvernement? » Question équivalente à cette autre : D'un peuple opprimé ou d'un gouvernement qui l'opprime, lequel doit périr? Les *Débats* ont eu frayeur de mettre sous les yeux du gouvernement la peine de ses forfaits; ils ne sont pas bien sûrs de préférer la fin tragique d'un pouvoir *odieux* et *coupable* qui persiste à à s'imposer b en que condamné pour sa violation de *toutes* les lois, à la décadence, à la mort d'une nation.

Nous allons développer l'aride formule mathématique de M. Vatimesnil : il y a du prophète dans cet homme comme dans son nom.

La population des campagnes et des petites villes, les habitants mêmes de plusieurs centres considérables ne savent pas trop encore la signification de leur vote, la portée de certaines manifestations qu'ils s'interdisent. Considérez les travailleurs de la banlieue de Paris et leur entêtement. Par ce qu'il en tombe de fruits, le peuple estime un arbre. De même, en son bon sens, le peuple s'intéresse très-peu au gouvernement, parce qu'il faut des siècles à cet arbre pour produire.

Les petites villes et les campagnes ont une instruction insuffisante, peu avancée, et tout favorise leur apathie, aussi bien les lois indolentes que des habitudes que l'on se garde bien de déraciner. Pourvu que la journée rapporte au manœuvre ses 30 sols, que les légumes du petit culti-vateur s'en aillent ; pourvu que le grain du laboureur se vende, que les bestiaux du fermier aient un débouché ; pourvu que le cabaretier fasse de bons dimanches et fêtes, de bons jours de foire, que l'épicier, cloutier, boulanger, regrattier, charron... touchent les deux bouts, ils s'in-quiètent médiocrement du reste. Aussi bien que les sou-cis de l'esprit en travail, les tourments de la faim leur sont, pour la plupart du temps, inconnus. Ils ignorent la détresse physique et les angoisses morales. Leur corps éprouve aussi peu de besoins que leur âme : en bonne mère, fertile ou désolée, la terre nourrit de peu celui qui se penche sur son sein. On est casanier dans les petites localités, les relations sont peu étendues, quelques contes transmis des grand's mères forment le répertoire iné-puisable des soirées : il n'y a pour ainsi dire pas une société pour ce qui s'applique à la masse totale vivant dans un coin de terre ou sous un toit silencieux..

Au contraire, les ouvriers des villes sont remuants en raison de leurs besoins et de leurs capacités, actifs, ins-truits, avides de connaissances, exposés à mille vicissi-tudes qui les aident à pénétrer la valeur des choses, des institutions et des hommes. Ils savent fort bien que pour marcher, progresser, il faut se mouvoir. Le mot de pillage a bien effrayé et défrayé peureux et calom-niateurs. Eh bien, oui ! sur une large échelle un pillage a été organisé, pratiqué : le pillage de la science. Quand ils ont compris qu'ils devaient s'en remettre à eux seuls de leur avenir, afin de vivre la vie de l'âme, les ouvriers ont puisé un peu partout. Et maintenant, ils sont dans la société, dans une société parallèlement établie à celle qui se maintient si despotiquement.

De sorte que si la logique démontrait comme possible une réforme du suffrage universel, ce serait dans les campagnes et dans les petites villes qu'elle opérerait cette réforme.

Est-ce à dire qu'elle veuille et qu'elle puisse ôter ses droits au plus infime des électeurs, qu'elle ne sache pas ce que vaut une expérience de deux ans? Elle ordonne bien plus impérieusement de ne pas revenir sur un grand fait accompli, de ne pas troubler un peuple généreux en le soumettant à l'épreuve périodique des bouleversements. S'il y a des indignes, que la magnanimité les relève, qu'ils soient protégés de la majesté de la France; s'il reste des incapables, que pour les uns les entraves s'effacent, que les barrières tombent, et que la loi, se chargeant des autres, leur fournisse, au nom de la justice, l'éducation gratuite, obligatoire.

IV.

Par ouvriers, dont nous nous occupons ici, et auxquels appartient l'avenir, qui sont dans le monde une puissance nouvelle, parvenus à jouir de l'existence politique parce qu'ils sont arrivés à la vie intellectuelle, organisés en société, il faut entendre ceux qui séjournent dans les grandes villes en général, le peuple de l'atelier: typographes et menuisiers, mécaniciens et tailleurs, tisseurs et horlogers, charpentiers et mineurs, coiffeurs et peintres; ceux qui travaillent sur le cuir, ceux qui travaillent sur la pierre, ceux qui taillent les bijoux et ceux qui polissent les métaux en les pliant aux divers usages, ceux qui demeurent aux imprimeries, ceux qui donnent à la soie ses éclatantes couleurs, aux draps une trame solide, aux chanvres et lin leur souplesse, au coton son élasticité, aux toiles et tissus leur force et leur éclat, ceux qui préparent le pain et ceux qui prennent soin de nos repas, ceux qui travaillent le bois et ceux qui distillent les couleurs, tous ceux, en un mot, qui s'acquittent de la tâche quotidienne du bras, toutes les fois qu'il leur est possible, afin de se nourrir eux-mêmes et de fournir à vivre à leur famille, mais qui, ensuite, aussitôt l'ouvrage terminé, prennent à cœur de hautes études, se livrent aux occupations de l'esprit, s'enferment dans les plus élevées abstractions, étudient le mécanisme de l'organisation politique et sociale, contrôlent les gouvernants et mettent la main à l'œuvre pour résoudre le problème des destinées du pays.

Eux seuls, la franchise doit cet aveu, forment, pour le moment, ce qu'on nomme proprement le peuple dans un certain langage d'hommes sérieux et convaincus. Non pas qu'ils soient, à eux seuls, pour personne, le peuple entier, effaçant les autres citoyens ; mais parce qu'ils ont, seuls peut-être, en politique, une volonté réfléchie, raisonnée, définie, mûrie, basée sur des plans qu'ils voudraient faire prévaloir, jointe à l'ardeur, à l'énergie nécessaires pour traduire les paroles en actes, les rêves en réalités. Ils se sont soustraits aux chaînes de l'ignorance où l'on prétendait les asservir. Ils sont le peuple pensant et puissant, actif, résolu, dévoué : les autres travailleurs, chez lesquels il existe moins de suite dans les idées et dans les projets, n'assistent qu'aux grandes manifestations générales.

De même, la classe moyenne ne paraît que dans les mouvements décisifs qui emportent une nation.

Et cependant elle sent aussi vivement que personne les prévarications des gouvernements, le néant des vieux hommes, des vieux partis, les atteintes portées à l'honneur de la France, les brèches faites à nos droits. Elle en frémit d'indignation, mais elle se contient. Des intérêts privés, immédiatement en jeu, la retiennent. Elle n'éprouve pas aussi souvent le besoin de se montrer. Elle laisse accumuler les torts de ses adversaires et sacrifie longtemps ses haines à la tranquillité publique. Elle a moins de cette fièvre, bien naturelle, qui ne permet ni délais, ni compromis, dès qu'elle juge nécessaire un changement.

Pour d'autres causes, les ouvriers des petites villes, dignes de tous nos respects et presque tous fort avancés, se trouvent dans une position identique, plus embarrassante. Isolés, surveillés dans leurs moindres gestes, en relation d'affaires avec des entêtés que jamais n'illumine l'Esprit saint, qui ne veulent rien comprendre à ce qui est nouveau, ils sont réduits à refouler leurs vœux au fond de leur âme, à se laisser couvrir d'insultes, eux et leurs amis, afin de conserver les bonnes

grâces de celui qui leur fait gagner un pain terreux,
mais indispensable, en attendant une bienheureuse dé-
pêche télégraphique.

V.

Deux manières s'offrent naturellement aux ouvriers
de fixer leur avenir en France, et, puisqu'ils sont jeunes, il ne faut pas compter sur toute la maturité dési-
rable : il est bon de prévoir tous les cas. Nous en expo-
serons une troisième qui, bien appliquée, les fera triom-
pher plus facilement et sur un territoire assigné, et sur
toute l'Europe occidentale.

1° Ils peuvent traiter avec les puissances actuelles,
amenées à composition comme royauté, noblesse et
clergé le furent par la bourgeoisie.

En raisonnant d'après les faits, d'après la succession
des événements antérieurs qui montrent l'humanité ha-
bituée à se copier elle-même, l'égalité s'introduisant
peu à peu dans le monde, la société se formant par cou-
ches, par agrégations successives, résultat d'un procédé
de cristallisation infaillible, on croirait cette première hypothèse la plus admissible. Et même elle court risque de
se réaliser, si nous supposons le succès d'un grand crime,
une restauration quelconque, ou plutôt une des deux
restaurations possibles. Le prince qui représente la
branche aînée passe pour s'être occupé des questions du
jour : il devinera facilement qu'une nouvelle classe de
citoyens frappe à la porte de l'antique société. Dans son
intérêt même, il accorderait satisfaction. Il en serait de
même de deux jeunes princes, dignes, éclairés, de la
branche cadette. Quant à M. Buonaparte, on doit le fé-
liciter d'avoir compris qu'il est impossible avec ses gro-
gnards qu'il a sournoisement congédiés, parce que rien
n'arrive deux fois de la même manière, et que, si les
événements se suivent, ils ne se ressemblent pas. Mais
il est impossible pour d'autres motifs. Non-seulement
il emploie des gens incapables ou d'anciens ennemis
qui soutiennent le radeau de peur de naufrager avec lui,
qui l'abandonneront après l'avoir compromis et lui
avoir fait épouser leurs vieilles rancunes ; mais, en

cherchant à s'appuyer sur beaucoup de bras, il se trouve
ne reposer sur aucun : il est en l'air suspendu. Et, s'il
a l'avantage, il a aussi l'inconvénient de s'être fait
connaître, en maintes rencontres. Il n'est pas, comme ses compétiteurs, entourés de l'auréole du prestige.
Qui sait pourtant s'il ne veut pas laisser s'user les dé-
bris du passé ? En tous cas, la première expérience a
coûté trop cher pour qu'il soit bon d'en tenter une seconde.

Ainsi donc, dans les deux cas d'une restauration possible, il peut arriver que les ouvriers, obtenant leur
place légitime, se tiennent pour satisfaits, afin d'éviter
des conflits sans nombre ou même une extermination.

2° Ivres de leur affranchissement dû à leur seule initiative, les ouvriers, d'un premier bond, peuvent se
porter à l'extrême et bouleverser subitement, démolir
presque tout dans l'ancien édifice. Mais il ne sera que
momentané, cet excès, si toutefois il n'est pas empêché.
Car ce n'est point de vengeances qu'il est question aux
jours de la fraternité : au lieu de l'emportement de la
colère, il faut le sang-froid de la raison. Que leur im-
portent les maux qu'ils ont soufferts? Ils ont bien assez
de générosité pour pardonner, assez de bonté de cœur
pour en déverser même sur des têtes indignes. Ils se
rappelleront que la plus grande partie de la classe
moyenne fut, comme eux, navrée, froissée, persécutée,
meurtrie.

Comme ils se sont dépris des vanités, ils se débarras-
seront du poids importun de la haine qui traîne après
elle le remords. Leur conduite deviendra régulière à
mesure que les temps s'accompliront. Sous peine de
s'absorber dans les autres classes et de s'y perdre, ils
admettront leurs frères des campagnes; ils les organise-
ront à leur exemple. Ils devront se renouveler, se ra-
jeunir, puiser une sève abondante dans tous les rangs
de la nation. Ils élèveront à leur niveau ces braves ouvriers de la pensée, les instituteurs primaires, pieux et
infatigables gardiens du flambeau de la foi que l'on es-
saya d'éteindre et qui illumine encore les champs,
comme ces feux du soir dont les vacillantes mais in-

tarissables lueurs font tressaillir les imaginations en émoi.

Cette seconde hypothèse, en consultant le cœur des prolétaires, est la plus vraisemblable. Ils sont trop pénétrés de leurs principes, trop imbus de la science sociale, trop avides d'une régénération complète, pour qu'il faille croire à une transaction de leur part qui se tournerait en asservissement plus ou moins bien déguisé, à ce partage du pouvoir entre les parias du régime monarchique et le roi restauré avec son cortége de privilégiés amis des abus. Les ouvriers se résigneraient plutôt à des essais de communisme, doctrine acceptée de beaucoup d'entre eux, telle que la pratiquaient, fraternellement unis, les premiers chrétiens. Espérons que, favorisés par les événements, ils se souviendront qu'ils sont aussi les fils de la Liberté.

Quelque saints transports, en effet, que renferment de sublimes aspirations; de quelque ardent amour que l'on se sente enivré, ce n'est pas maintenant qu'il faut supprimer un des termes de la formule inscrite sur nos murs, à supposer même qu'il puisse jamais être supprimé. Nos cœurs pusillanimes et froids ont oublié l'attachement qu'ils ne surent jamais. Sans examiner longuement quel est le dernier principe appelé à prévaloir, on peut affirmer sans crainte que l'humanité, suivant une marche de croissance toute parallèle à celle de l'homme, à mesure qu'elle grandira, chaque jour perfectible et perfectionnée, se débarrassera de ses liens, de ses tuteurs et de tout gouvernement. L'homme mûr se conduit seul, l'humanité fera de même.

En attendant que l'État, pour être ultérieurement aboli, devienne le serviteur des administrés ingouvernables autrement que par la raison et le dévouement, en attendant que l'humanité émancipée rejette les guides du jeune âge, comme elle déposa les liens de l'enfance : une forme de gouvernement existe, susceptible de toutes les améliorations et qui sera maintenue ; jusqu'au dernier les ouvriers se feront tuer pour la République qu'ils ont fondée de leur sang.

VI.

Il reste aux ouvriers une troisième manière de fixer leur avenir, assez indépendante des changements de gouvernement ou de système, et n'excluant pas les deux autres suppositions.

Le problème capital à résoudre, le problème qui se présente infailliblement et que, bon gré mal gré, il faut attaquer, c'est de faire que tout homme sur la terre, armé de deux bras propres au travail, ait son lendemain assuré, du pain pour sa famille et pour lui ; que, si les bras lui manquent, s'il tombe en combattant pour ses semblables (qu'est-ce autre chose le travail, sinon un combat?) au lieu de les trouver endurcis ou d'être obligé de demander à leur roideur altière une aumône humiliante, qu'il reçoive le prix du vainqueur blessé, qu'il puisse rester fier de lui-même en se voyant relevé par la justice et l'honneur.

Aux ouvriers il appartient de trancher la question.

Mais de même que la République, entourée de républiques sœurs et amies, subsisterait plus sûrement, de même les ouvriers de chaque pays, pour arriver à leurs fins, doivent se voir, se concerter, s'entendre. Il ne faut plus qu'ils soient exclusivement d'une patrie. Jusqu'à présent, ceux qui désertent leurs foyers en sont expulsés par les soupçons du pouvoir ou par la misère et ses brutales nécessités, en vue d'un bien-être ailleurs promis, sinon assuré. Ils ne sont pas assez cosmopolites, ils ne connaissent pas assez les ouvriers d'un autre climat, d'un bord éloigné; des rives du Rhin aux rives de la Seine, des bords de l'Oder aux eaux du Danube les frontières ne se sont pas abaissées.

A cet égard une mesure décisive est à prendre.

Les ouvriers, n'étant pas plus qu'il ne faut ni Français, ni Espagnols, Anglais, Allemands ou Italiens, commencent par s'organiser dans leur patrie respective. Ils y désignent des centres principaux où sont élus des délégués appelés à siéger en assemblée nationale ouvrière dans une ville déterminée à l'avance. Ces délégués, réunis en assemblée générale, après avoir discuté des intérêts particuliers, s'établissent en conclave et choisissent à leur tour des députés ou représentants. Les représentants se rendront au congrès, au concile des ouvriers des divers pays.

Ainsi, par exemple, en France les centres principaux où se nomment les délégués sont *Lyon, Paris, Limoges, Rouen, Strasbourg* et *Toulouse.* *Lyon* est le centre général, parce qu'il y a dans cette illustre cité,—la ville éternelle de la religion moderne, pour nous servir de mots sonores,—plus d'activité de discipline et de mûre ré-réflexion.

En Italie, *Gênes, Livourne, Milan, Rome, Venise* et *Naples* sont désignées comme villes centrales : *Gênes,* cette émule de Lyon par le patriotisme et le dévouement, devient le siége de l'assemblée italienne ouvrière.

En Allemagne, *Vienne, Berlin, Francfort-sur-le-Mein, Leipsig, Trieste* et *Cologne;* en Hongie, *Pesth* et *Debreczen* serviront de centres à tous les ouvriers allemands et hongrois pour choisir leurs délégués au conclave. Les délégués feront le voyage de *Berlin,* choisi comme siége de l'assemblée ouvrière allemande-hongroise, attendu qu'en Prusse il existe plus de garanties constitutionnelles.

A *Lyon,* à *Gênes,* à *Berlin,* à *La Haye* pour les Hollandais, à *Dublin* pour les Irlandais, à *Barcelonne* pour les Espagnols... seront élus les députés, les représentants au congrès, au concile général des ouvriers.

Par sa position et son bon esprit démocratique, voisine de plusieurs frontières, *Mulhouse* sera choisie comme capitale destinée à recevoir les membres du congrès, les plénipotentiaires de la classe ouvrière.

Les centres principaux peuvent être multipliés à l'infini, suivant qu'il est besoin pour obtenir des résultats plus décisifs, des élections auxquelles chaque ouvrier ait pu prendre part. Le droit de suffrage ne peut jamais être restreint, exercé sur une moindre échelle. Il ne doit y avoir rien de ce qui constitue le monopole. Il n'y a ni indignités, ni incapacités, si ce n'est pour les mineurs de moins de vingt ans ; aucune différence entre l'électeur et l'éligible. Quand on est de ceux qui ont aboli la peine

de mort en matière politique et criminelle, ne reconnais-
sant pas à la société ce droit barbare de proscrire tout
retour à de meilleurs sentiments, de mépriser le re-
pentir, lors même qu'elle serait sûre de ne pas se trom-
per cinquante fois sur cent, on ne peut pas vouloir qu'il
y ait des cadavres vivants, des corps sans âme, des créa-
tures humaines privées de tout droit, enchaînées à toujours au boulet de l'expiation.

Les élections ont lieu tous les ans, dans chaque pays,
du 15 avril au 1er mai. L'assemblée partielle de chaque
pays siége durant le mois de mai; du 1er au 15 juin, elle
fait choix des députés au concile. Au 15 juillet, les députés ou représentants sont rendus au siége du concile
et ne se séparent qu'aux premiers jours de septembre;
ils peuvent laisser derrière eux un comité permanent
chargé de les convoquer dans des circonstances graves.

De la sorte, le travail n'est pas trop négligé, et ne
l'est que dans une saison où plusieurs professions sont
en chômage. Les voyages peuvent aussi s'effectuer à
moins de frais.

Chaque délégué touche d'ailleurs, s'il est possible par
un temps de gêne et de deuil, une indemnité suffisante.
Aidé de son courage et les yeux sur l'avenir, il subira
volontiers les plus dures privations.

Mais pour ce qui tient aux membres envoyés au congrès, il faut nécessairement qu'ils aient de quoi parer à
toutes les éventualités. Il faut à leurs délibérations la
plus grande publicité; car ils ont besoin d'étendre sur
les masses l'influence de leurs opinions, de leurs principes, de leurs décrets. Il faut qu'ils siégent avec solennité; qu'ils ne demeurent pas une société secrète, isolée,
privée de communications, à moins que des gouvernants
ineptes, aveuglés par le génie du mal, ne mettent obsta-
cle à l'exercice de leur mandat, à l'accomplissement de
leur mission souveraine et providentielle; auquel cas, les
représentants aviseraient aux moyens les plus énergiques
et les plus détournés.

La démocratie est pauvre; néanmoins, elle sacrifiera
de bon cœur sa dernière obole. On se cotisera de telle
façon que tous les frais puissent être couverts. Les évé-

ques ont bien eu leur concile de Trente; les monarques leur congrès de Vienne, parce qu'ils payaient des ambassadeurs : quoi donc! la nouvelle puissance ne tiendrait pas ses assises! Les nouveaux inspirés n'auraient pas leur concile! Les seuls rois, puisqu'ils sont sacrés par l'égalité, seraient privés de leur congrès! Les peuples n'établiraient pas leur tribunal suprême!

Cette troisième solution, qui n'est ici qu'en ébauche, offre les deux avantages de rendre solidaires les ouvriers de tous pays, et de les faire parvenir sans commotions violentes.

Mais elle offre un troisième avantage, et considérable, celui de maintenir une organisation durable et forte, dans le cas où nous serions submergés momentanément dans un déluge de force matérielle et brute. On a tellement exploité la peur, tellement avili des intérêts autrefois plus respectables, qu'un débordement des races slaves sur l'Occident n'est pas impossible ; il est si peu impossible qu'il est souhaité. Dans cette invasion, il faut bien l'écrire, quoi qu'il nous en coûte, nombre de citoyens, au cœur tremblant et lâche, par frayeur incompréhensible du socialisme, c'est-à-dire des vérités de leur évangile, ne voudraient plus être de l'Italie, de la France... mais de leurs terres, de leurs maisons de campagne, de leur banque, de leur bourse, de leur comptoir, de leurs magasins, de leurs châteaux; ils ne défendraient pas une minute le sol de la patrie. L'étranger rapace les dépouillerait bien vite; n'importe, leur aveuglement n'y croit pas. Et puis la fatalité leur fait préférer à tout autre ce moyen de régénération : les Romains de la décadence traitaient mieux les barbares que les chrétiens. Rêves criminels, pensées dégradantes, qu'ils expieraient les premiers dans un terrible écroulement!

Comment en sommes-nous venus à invoquer lâchement une catastrophe? Comment le doux nom de patrie a-t-il perdu de son charme et de sa puissance? Parce que ses malheurs nous touchent moins que nos pertes en écus. Nous n'aurions plus une larme à l'œil pour pleurer à ses funérailles : tant notre sensibilité s'est tarie à contempler notre argent. Au lieu de la concorde, nous avons appris la haine, envenimé nos emportements, souillé nos colères ; et pourquoi ? Pour conserver à tout prix une fortune qui n'est pas menacée. Nos passions sont devenues abjectes dans la boue des intérêts où nous avons croupi.

Les secours du Nord peuvent donc être accueillis sinon réclamés ; l'armée, si belle, si vaillante, peut être dissoute ou énervée de mille moyens. Qui donc défendra la patrie ? L'armée des travailleurs. Mais elle succomberait. Et d'ailleurs, elle n'aime rien de la grande guerre. Elle mit, avec raison, la renommée et les bienfaits de l'humble Jacquart ou de Guttemberg avant les exploits du général Napoléon. Elle n'admire rien dans les boucheries les plus grandioses. Ce qu'elle veut, ce qu'elle souhaite, c'est de sauver les hommes plutôt que de les immoler.

Bien des fois on a réfléchi à cette invasion du Nord sur le Midi, et l'on s'est pris à crier à ce propos : « Les nations tomberaient par la faute des gouvernants. » Non, il n'est pas entièrement vrai que les nations puissent imputer leur chute à leurs administrateurs. Les nations tombent corrompues, perverties, flétries, abîmées dans une ivresse ignoble : ivresse des intérêts ou des plaisirs, qu'est-ce que cela fait, dès qu'elle amène l'abrutissement ; si elles n'ont pas la force de chasser les gouvernants, c'est qu'elles sont avinées aussi, défaillantes ; c'est qu'elles les ont choisis à leur image. Le plus exécrable, le plus sot des gouvernements mérite l'absolution du peuple qui l'endure. Elle a mérité de périr la nation qui ne sait pas se faire justice.

Eh bien ! il faut qu'à l'ignominie puisse répondre à temps la grandeur d'âme ; qu'en face de la barbarie menaçante se dressent les principes. Les croyances doivent être là pour tuer la force brute, absorber la matière. Que les ouvriers appartenant aux races latines et germaniques : Français, Italiens, Belges, Espagnols, Hollandais, Anglais et Allemands forment une alliance invincible et sainte sur le terrain des idées modernes. Les Russes sont vaincus ; les ouvriers restent les maîtres et le socialisme triomphe. Le monde européen n'est pas de nouveau condamné à traverser une effroyable nuit de dix siècles.

VII.

Quelle que soit la solution adoptée, quelque dénouement qui se produise, il faut que les ouvriers français, parvenus réellement à la vie politique, soient les premiers à s'organiser, à se connaître d'une ville à l'autre, à se créer un contingent plus fort.

Il faut qu'ils fixent des centres principaux d'élection ; qu'ils aient un trésor, un budget ; qu'ils aient leur représentation nationale.

Examinons en détail et la situation morale actuelle, et l'attitude en présence des partis, les moyens de résister, de se fortifier, d'agrandir progressivement le cercle.

Dans une première catégorie sont rangés les ouvriers de *Lyon*, de *Paris*, de *Limoges*, de *Strasbourg*, de *Mulhouse*, de *Rouen*, de *Saint-Étienne*, de *Toulon*, du *Creusot*, de *Tulle*, d'*Elbeuf*, de *Mâcon*, de *Châlon-sur-Saône*, de *Dijon* et de *Sedan*. Vous remarquerez chez eux un esprit extrêmement avancé, des convictions raisonnées pour lesquelles ils prodigueraient leur vie, un savoir profond uni à une vigueur incompréhensible ; dans un corps, même chétif, une nature robuste ; une inébranlable persévérance, une âme intraitable qui ne pactise ni ne s'abaisse jamais. Ce n'est pas à eux que l'on viendra dire : Le travailleur n'a pas de droits et le monde ira toujours comme il va. Ce cachet d'inflexibilité peut nuire à leur position sociale, jamais les déshonorer. Ils emportent toujours l'estime de ceux qui les ont employés. Bien guidés, et s'ils consentent à déposer de leur austérité, ils sont capables de monter des coups de théâtre surprenants, et d'y réussir. A-t-on oublié les journées de Limoges en 1848 ? En un clin d'œil, à minute fixe, les ouvriers eurent dans leur poche les clés de la ville ; et, devant ce prodige d'adresse et de réserve, la satisfaction était si générale que tout passait par leurs mains.

Cette première catégorie forme environ un total de trois cent mille ouvriers, qui sont au courant de toutes les affaires du pays, jugent parfaitement des hommes, des partis et de leurs ressources, ressentent les moindres commotions, et sont d'avance préparés aux actes décisifs.

Dans une seconde catégorie se rangent les ouvriers *de Lille, Roubaix, Metz, Toulouse* et *Bordeaux.* Leur nombre ne s'élève pas à plus de soixante-dix mille.

Les trois villes du Nord ont une population ouvrière chétive, pâle, hâve, sans initiative, presque étrangère aux larges conceptions, victime d'une bonté de cœur habituelle, d'une affabilité sans bornes, et des privations ; elle mérite notre amour le plus vaste. En proie à la misère, la faim l'accable trop souvent de ses rigueurs. La dernière disette de 1847, où le pain était à 47 c. le demi-kilogramme, on a laissé des travailleurs dans les greniers, dans les caves, au seuil des portes, ou sur la neige glacée de la rue, qui n'étaient plus que cadavres inanimés ; on n'essayait pas même sur eux des secours de la science, ce qui eût été peine perdue. Pour moins frapper l'opinion inquiète, on les emportait sur le champ, sans mot dire, à la fosse du cimetière. Aux malheureux, la mort, du moins, tient toujours un asile ouvert.

A Toulouse, aux bords de la Garonne, le peuple est d'une effrayante mobilité, sans aucun esprit de suite ; autant de volubilité dans les actes que dans les impressions et les gasconnades à débiter ; sa générosité, sa promptitude à oublier, lui font plus de tort que sa fougue ne lui procurera d'avantages.

Insouciance complète à Bordeaux. Sous cette atmosphère énervante, on ne songe qu'à se laisser vivre. On y opère lentement. Les idées n'y pétillent pas plus que le vin.

Marseille, Nantes, Caen, et plusieurs autres villes, Amiens, par exemple, ne donnent que des espérances lorsqu'elles n'inspirent pas la tristesse. L'esprit fédéraliste ou mercantile y domine encore.

Le long des voies de fer déjà construites ou à terminer, le long des canaux achevés ou commencés, pour le service des bateaux à vapeur, sur les rivières navigables ; sur les routes, pour les besoins des administrations de roulage, de la commission, des voitures publiques et des postes, il s'est formée une agglomération considérable de travailleurs zélés, ardents, qui, en majeure partie, appartiennent à la démocratie la plus avancée ; belles légions, dont il serait plus facile de marquer l'effectif que d'assigner une limite à leurs progrès.

A la première catégorie revient le droit de prendre les rênes, de saisir la direction du mouvement, de raffermir les tièdes, d'encourager les timides, d'animer les insouciants, de ramener les rebelles, d'ébranler les quelques incrédules. Ils prouveront ainsi combien ils sont pénétrés de leurs devoirs, comment ils entendent mettre en œuvre les principes de solidarité et d'égalité.

D'ailleurs, à tout considérer, le succès ne peut arriver qu'en rassemblant les forces éparses, qu'en groupant autour du noyau primitif de quatre cent mille hommes des grands centres, huit cent mille autres travailleurs disséminés sur toute l'étendue du territoire de la République, qui vivent en communion de vœux, de sympathies et d'idées avec les plus braves républicains. Cette armée peut fort bien s'élire des délégués, des fondés de pouvoir qui les convoqueront, à certaines époques, en réunions partielles. Des réunions partielles sortiront des représentants aux assemblées plénières des grands centres ; et ces dernières assemblées enverront à l'assemblée ouvrière française des députés définitifs pour confectionner des lois et exécuter les résolutions des assemblées plénières.

De la sorte, les déplacements coûteux ou à long terme sont évités. Entre frères, qu'est-ce que l'inconvénient du suffrage à plusieurs degrés, du moment surtout que cet inconvénient ne peut être aplani de sitôt pour des raisons pressenties de chacun ? Unissons-nous ; enchaînons-nous par les liens indestructibles de la solidarité. Courage ! confiance ! que ce cri parte de toutes les poitrines ; car le jour de la justice est proche.

VIII.

Continuons l'examen , entremêlant de détails les généralités.

L'avenir appartient aux ouvriers, parce qu'ils sont

patients, dans le sens propre du mot, c'est-à-dire qu'ils sont capables, à tous égards, de pâtir, d'endurer, de souffrir. Nous en avons le spectacle sous les yeux. Fatigues corporelles et intellectuelles, périls, affronts, privation de leurs droits, provocations, ils supportent tout d'un cœur indomptable. De plus, ils conservent le sentiment pur de la patrie; c'est un culte chez eux. Ils tiennent beaucoup à la nationalité, à la terre natale, à ce qui est la France. Ils s'enorgueillissent, ils s'enivrent de ce titre de Français. Aussitôt que les ouvriers seront en état de la saisir, les penseurs, les écrivains seront exclus de la direction suprême par la raison qu'ils sont de tous pays, de toutes les patries; qu'ils affectent, à bon droit d'ailleurs, des idées générales, des théories plus larges. Les penseurs sont de tous les pays comme ils sont de tous les siècles. Pays et siècles, il étudient les uns autant que les autres; observent la Russie actuelle, ainsi qu'ils apprirent la Grèce ancienne, ainsi qu'ils ont fouillé le moyen âge. Ils s'intéressent au sort de l'humanité, suivant les conseils du poète. Est-ce un bien? Sans contredit. Mais les ouvriers n'en viendront pas là de longtemps. Ils ne se figurent pas que le principe des nationalités puisse disparaître comme inutile, aussi fragile, aussi factice que les barrières qu'il impose. Outre que les penseurs ont l'ambition de travailler pour le monde et la postérité, ce qui les amène à ne pas tenir essentiellement à jouer un rôle, dans leur patrie, qui les éloignerait de leur but, ils sont trop abstraits, moins pratiques dans un moment donné; passant en revue les siècles écoulés, parcourant à loisir les époques défuntes, ils en veulent tirer des enseignements: les ouvriers rompent plus aisément avec la tradition; ils seront mieux les hommes d'une crise.

Quant aux avocats, ils sont avantageusement remplacés. Les ouvriers se sont formés au talent de la parole et peuvent suffire aux plus longues discussions de la tribune.

Ils auront donc en main les rênes, avant que toute idée de gouvernement ne s'efface, parce qu'ils ont l'ardeur, la sève, la vigueur, le nombre, la précipitation de la main, le coup d'œil sûr et prompt de l'à-propos, toutes choses que n'ont plus des bourgeois dégénérés ou amollis au contact de la luxure, ou épuisés de science, ou effrayés ; ni les nobles fatigués, tombés côte à côte de leurs auxiliaires qu'ils n'ont pas cessé de mépriser.

Il peut arriver ceci : que la haute finance, les grands seigneurs de l'industrie, de la classe moyenne — car dans tout cet écrit nous prions le lecteur de bien retenir que la partie inférieure de la classe moyenne est tout à fait peuple aujourd'hui ;—il peut arriver, disons-nous, que la haute bourgeoisie, à l'exemple des nobles qui se mirent à spéculer, à travailler aux usines, secondés de bourgeois habiles, patrons plus tard, admette les ouvriers au partage des bénéfices, leur assure une position sociale plus que supportable, les conditions et les garanties d'une existence aisée et facile, à mesure qu'elle sentira mieux leurs capacités, la valeur de leurs bras plus savamment vigoureux et leur influence croissante, en regard de sa faiblesse, de son atonie.

De la sorte, les vieillards de la civilisation faisant réchauffer leurs membres glacés par les jeunes hommes de la régénération, pour un temps le mouvement serait paralysé ; le maniement de la chose publique ne changerait pas de mains, les vieillards soupçonneux tenant toujours les cordons de la bourse.

Il peut arriver aussi, ce qui est plus certain, que les ci-devant prolétaires, une fois en possession de l'empire, aux subterfuges étroits de l'égoïsme, préfèrent les impulsions de leur cœur, les inspirations de la fraternité mise en pratique. Ils convieront subitement au partage de la puissance, au banquet de la vie leurs frères des campagnes, leurs anciens égaux au sein du malheur, solidaires dans la félicité comme ils le furent dans les désastres.

Non ; rien n'empêchera cette partie du peuple — les ouvriers — d'arriver beaucoup plus haut, jusqu'au sommet, par le travail. Elle s'était déjà procuré un certain bien-être — relativement — dans l'ordre matériel ; elle est en voie de se procurer les jouissances intellectuelles ; elle acquerra bientôt les satisfactions politiques,

et la part la plus largement active dans le gouvernement.

Pour gouverner, nous l'avons dit, il faut être exclusivement de son pays, de sa patrie. Or, outre des goûts
particuliers à une race, outre les mille causes qui ont
fait des gouvernants en France des habitants du monde,
il n'y a de vraiment citoyens, de vraiment patriotes, que
ceux qui gardent les habitudes propres, les mœurs ori-
ginales de la patrie et qui ont une propriété. Or, aujour-
d'hui, lorsque tout chancelle, y a-t-il une autre propriété,
matériellement parlant, que celle des bras? Incendies,
grêles, trombes, torrents, changements, bouleversements de la conquête, ne peuvent-ils pas anéantir les
autres propriétés?

Il n'y a qu'*une* propriété, comme il n'y a qu'un mode
de gouvernement ; en raisonnant dans l'état actuel de la
communauté sociale, d'après le sens attaché au mot *gouvernement*, il n'y a pas de gouvernement sans le fusil.

Qu'arriverait-il donc — et ces lignes ne doivent pas
être une occasion de scandale, mais plutôt servir de
clarté vacillante en notre sombre séjour. Le législateur
a bien prévu tous les cas de luttes et de discordes entre
les particuliers. Il s'est même demandé *que faire, si
l'homme tue son semblable?* Pourquoi la politique s'in-
terdirait-elle de simples hypothèses? Pourquoi ne se
demanderait-elle pas comment un ordre de choses peut-
être attaqué, renversé ou succomber de lui-même? Il y
va de ses intérêts. C'est le plus sûr moyen que chacun se
tienne pour averti, et se mette en devoir d'aviser à sauver, non pas la société qui jamais n'est en cause malgré
les radotages divers des compères, mais un état social,
une phase de l'existence de la communauté, une période
de la vie politique, un ordre de choses qui le satisfait,
qu'il juge bon et qu'il désire voir se continuer le plus
longtemps possible.

Qu'arriverait-il donc si tous les soldats déposaient leurs
armes ; si tous les travailleurs, à moment donné, se
croisaient les bras ; si les uns et les autres, indispensables soutiens des deux idées mères constitutives de l'ordre social présent, se regardaient et décidaient sérieuse-

ment, quoique le sourire aux lèvres, qu'eux seuls sont tout; qu'en dehors d'eux, il n'y a plus de gouvernement, plus de propriété; que, sans eux, l'état social actuel, l'ordre public qui nous régit n'existe plus; qu'il n'y a plus ni guerre, ni spoliations naturelles, appelées bénéfices et concurrence; ni palais, ni chaumières, ni splendides magasins, ni modestes échoppes, ni grandes usines, ni petites coutelleries, ni bâtiments sur les mers, ni barques sur les ruisseaux, ni jardins merveilleux, ni coins de terre péniblement ensemencés; qu'il n'y a plus ni heureux ni malheureux; ni grands ni petits; ni savants ni ignorants; ni pauvres ni riches; ni noblesse ni roture; ni misère ni fortune; qu'il n'y a plus nécessairement que d'infirmes égaux en présence du néant qui va tout engloutir?

Qu'arriverait-il s'ils ne voulaient plus prêter leur concours à un ordre de choses où ils fonctionnent en qualité de pures machines?

Par bonheur elle est montée, la grande machine sociale; ils ne la briseront pas; mais ils obtiendront de leur sagesse et de leur expérience de la monter à leur tour.

En attendant, ils la poussent, à frais communs, où elle doit aller. Ils posent les fondements destinés à servir aux artisans de l'édifice futur. Non pas en face de la mort par le désespoir, mais avec un harmonieux accord, au milieu de frères unis, se réalisera l'Egalité.

10 juillet 1850.

FIN.

Par la Société typographique de Paris.

Typ. Beaulé et Cⁱᵉ, rue Jacques de Brosse, 8.